AF217651

Clay F. Cassidy

Wollust

Tal der Begierde

www.tredition.de

Verlag: tredition GmbH, Hamburg

ISBN
Paperback: 978-3-7345-3441-6
Hardcover: 978-3-7345-3442-3

Printed in Germany

In uns ist so viel Lust, Vitalität, Lebendigkeit, Freude und Kreativität angelegt. Entdecke sie und bereichere nicht nur dich selbst, sondern verschenke sie deiner Umgebung, bereichere deine Mitmenschen und lass sie daran teilhaben. Diese Gefühle angemessen entdeckt und ausgelebt schützt vor übermässigem Hass, Neid, übertriebener Missgunst und Angst. Fürchte dich nicht vor dieser enormen Lebendigkeit, du wirst sie benötigen, um ein erfülltes Leben führen zu können.

Lustbegehren

Unsere Münder verschmelzen zungenstossend, hin und her kreisend, in lockendem, neckendem bisweilen sanft machtgelüstetem Reigen. Gegenseitig körperergründend und lustgeleitet arbeiten sich unsere Hände vom Gesicht, über den Hals- und Nackenbereich zur Brust- und Rückenpartie bis hin zum Gesäss und unserer Scham vor. Meine Manneskraft umschmeichelt deinen Schoss, spürt frohlockende Einladungen, arbeitet sich immer tiefer in deine schamlose Öffnung vor, zuckt dir sanft, langsam, stetig, eindringlicher stossend bis zur völligen kreisenden Entfesselung entgegen. Du gibst dich mir verführerisch lockend hin, öffnest die Schleusen deiner Lust und nimmst mein Geschenk willig und explosionsartig in dich auf, reitest entspannt auf dieser Welle und lässt sie genussvoll in die natürliche Brandung münden.

Wollust

Küsse jeden Zentimeter deiner Haut, ergründe alle deinen Öffnungen in freudiger Erregung und lass deine Zunge Wollust gleich meine Nervenenden erregen. Wir züngeln uns gegenseitig von Kopf bis Fuss und zurück, verharren an besonders erogenen Zonen, intensivieren dort und das Stöhnen meiner Liebsten spornt mich zusätzlich an, ihre Beginnende und stetig Steigernde lustbasierenden Zuckungen peitschengleich zu verstärken.

Schwimmende Erregung

Schwimme auf dir in deinem Schweiss, einvernehmliches und tiefer stossendes, eindringliches Miteinander. Du lässt mich vertrauensvoll, sehnsüchtig in dir kreisen, kreist mit, stösst dich mir entgegen, bietest mir deine zwei Lustenden zum Laben an. Meine Lippen umschliessen diese Enden, meine Zunge saugt sich zärtlich daran fest, erzeugt Lusttropfen und unwillkürlich zuckendes Beben an und in dir.....

Trunken

Beschreite trunken vor Lust deine Wölbungen, Hügel und tiefen Talschaften. Erkunde alles nass züngelnd, die Mündungen und Vertiefungen eindringlich, wollüstig, von dir gewollt und ersehnt. Erwidere erregt, die in dir entstandenen, begehrlichen Impulse ganz bewusst, direkt, deutlich und unumwunden. Durch mein bebendes Berühren, erzitterst und vibrierst du in deinen Grundfesten und gibst dich mir schamlos, lustentbrannt und leidenschaftlich hin.

Ohne Scham

Umarme zärtlich und fest, deine fein zitternden Brüste mit ihren vibrierenden Knospen und drücke meine Mannes gestaltgewordene Lust ohne Scham an deinen Schoss. Du drückst erregt dagegen, öffnest spaltgeweitet deine venusgleiche Weiblichkeit, lockst mich drängend, dich zu ergründen, gibst dich mir mit feiner Gewalt hin, befeuerst den Reigen unserer Leidenschaftlichkeit und jubilierst im Ergiessen meiner dir expansiven Zugewandtheit.

Verbunden

Sanft, liebgewonnene aus tiefer Zuneigung geborene Küsse, liebkosen dein Gesicht, du wunderschöne Geliebte, du verehrungswürdiger Mensch. Umarme nicht nur deinen Körper, umschmeichle und huldige deinem Sein. Nähere mich dir achtsam und respektvoll an, werde mutiger und spüre deine ganz feine, mir entgegenplätschernde Erregung. Umarmend lieben wir uns in gegenseitig tief erlebter Geborgenheit. Locken und necken uns liebevoll, entdecken uns im Austausch und geben uns zutiefst vertrauensvoll preis.

Lustblitze

Du bearbeitest mit schnell, züngelnder Nässe meine stammgleiche Männlichkeit, umschliesst sie mit deinen Lippen fest, leidenschaftlich und hältst einen luststeigernden Rhythmus wiegengleich aufrecht. Dein tanzgleiches vor und zurück, deine anschmiegsame Festigkeit, dein mundgleiches, lustbringendes Verschmelzen wollen mit meinem Luststab, erzeugt in eben diesem und meiner Vorstellung explosionsartige wollüstige Blitze, Dunkelheit, kurzzeitig losgelöstes Bewusstsein bis hin zu tiefer Entspannung.

Nackt

Wir blicken einander, nackt und stolz vor uns stehend, tief in unsere Augen. Versinken gegenseitig darin, vollständig entblösst in unserer Nacktheit, vollkommen ungehemmt mit leicht provokantem Blick uns anschauend. Umarmen uns fest, tief und zärtlich in unserer luststeigernden Entblösstheit, lassen auch unsere inneren Schleier fallen. Hauchen und Raunen unsere Wünsche und Fantasien zu, erfüllen sie sogleich, streicheln, drücken, lecken, stossen und dringen überall dort ein, wo es die Vertiefung zu lässt. Wir öffnen uns im Sprechen, verstecken nichts, hegen keine Geheimnisse, stöhnen ehrlich, ungehemmt und das Stöhnen des Andern lässt uns freudig erzittern und erschauern. Wir lieben und vertrauen uns so, dass wir uns jederzeit und ungehemmt zumuten.

Begehren

Suche suchtbefallen in deiner Nähe den physischen Kontakt zu dir. Muss dich halten, muss dich streicheln, küssen, muss letztlich in dir sein, um mit dir den symbiotischen Lustaustausch zu tanzen. Unzählige Stelldichein und doch jedes Mal wie neu, reibe ich in munterem vor, zurück und gefühlvollem Kreisen an deinen Wänden. Davon wirst du eruptiv erfasst und es veranlasst dich, mir in dir noch mehr Tiefe zu gewähren und du beginnst, meinem Stossen lustbetonte Zuckungen und Vibratio

nen explosionsartig zu entgeg-
nen. Du drängst mich zu feste-
rem, intensiverem Tun und ge-
meinsam geben wir unseren,
sich steigernden Gelüsten
sprachlich Ausdruck und erklim-
men so den erotischen Olymp.

Fantasien

Blicke dir tief in deine Augen, erzähle dir, was ich gerne mit dir machen möchte. Dein Erröten, dein Glanz in den Augen, dein perlenartiger Schweiss signalisieren mir, dein Mitmachen wollen, dass ich auf dem richtigen Weg bin. Nun beginnst du zu erzählen, was du alles mit meinem Körper und dessen Werkzeuge vor hast und anstellen möchtest. Deine erotischen Fantasien lassen mich schwerer, lustbetonter atmen, bisweilen aufstöhnen und staunen ob so kreativer Einfälle. Obwohl wir uns physisch nicht berührt haben, waren so

vielfältige, vielschichtige eroti-
sche Empfindungen vorhanden,
dass wir diese Möglichkeit si-
cher wieder aufgreifen werden.

Lustreigen

Labende Gelüste gegenseitiger Begehrlichkeiten. Erregendes Auf und Ab, feuchtheisse Fürbitte, abwartendes in sich eindringen lassen, willkommenes Aufnehmen, tiefe, zuckende, vibrierende und entfaltbare Lustbarkeit. Sei ganz und gar willkommen in mir, spende mir Lust und ernte Erregung, bedränge mich fest, zart und leidenschaftlich, stosse zu, lass nicht locker und befeuere mich mit deinem erotischen Stöhnen. Nehme, deine explosionsartige, von dir ausgestossene Frucht in mich auf und erfreue mich daran.

Hemmungslos

Nehme dich überfallartig und doch zärtlich in meine Arme, küsse dich fest, eindringlich und leidenschaftlich. Gleichzeitig ziehe ich deine Kleider aus und du die Meinigen, drehe dich um und dringe in deine Lustgrotte abwechselnd schnell stossend dann wieder langsam kreisend ein. Suche währenddessen an deinen festen mir wohlgefälligen Brüsten halt, was dich zusätzlich zum Stöhnen verleitet, was mich wiederum anspornt und erleben so, ehrliche, direkte und wilde Erfüllung unserer Gelüste.

Fantasiereise

Wir sind nackt und sehen uns gegenseitig an. Dabei schauen wir auf eine bestimmte Stelle beim Andern und malen uns ganz genau aus, was wir machen möchten. In dieser tiefen unberührten und doch prickelnden Berührtheit beginnen wir zu stöhnen, spüren Vibrationen und Zuckungen und vereinigen uns mit der Fantasie des Andern und unserer eigenen Vorstellung. Wir erschaudern angenehm, spüren grosses Vergnügen, lustgeleite Blicke und daraus entstandene feuchtheisse Stellen intensivieren dies zusätzlich.

Entdecken

Tauche mit dir in uns ein, berühre zärtlich dein Sein, sehe dein Wollen, welches sich mit meinem Lustbegehren heilvoll vereinen möchte. Antworte dir mit feiner Wangenberührung, ertaste dein Wesen im Aussen, erfahre in dieser Berührung tieferliegende, menschliche, sehr wollgefällige Qualitäten deiner Selbst. Freue mich, was ich sehe und erspüre, öffne dir mein Herz, gebe mich dir körperlich, geniesserisch in tiefem Vertrauen hin, erlaube dir, mich uneingeschränkt zu ergründen, liefere mich aus.

Danke Liebes

Sehe dich, mir entgegenschreiten, erkenne und freue mich spontan und tief, du Liebste. Du Scheinst mir entgegen zu gleiten, voller Anmut und Vornehmheit, dein Lächeln überwindet mit Leichtigkeit die Ritzen meiner Mauern, erwärmen diese, lösen sie gänzlich auf. Deine Liebe hilft mir, hier bei dir zu sein, nicht in vergangene Erlebnisse oder zukünftige Vorstellungen zu fliehen. Deine Liebe, Wärme und Grosszügigkeit hilft mir, in dieser zuweilen kalten und abweisenden Welt zu bleiben, nicht in «schöneren» Fantasien verweilen zu wollen, danke liebes.

Beseelte Blicke

Deine feste und doch liebliche Erscheinung gleitet mir entgegen, welcher Stolz mich befällt, wenn ich dich sehe, welche Freude ich erlebe, wenn du mich anschaust, hältst und liebkost. Du mir so Wohlgesonnene, wie schön ein Blick von dir ist, wie tief erwärmend, positiv vibrierend deine Berührung in mir wirkt, wie sie sich so wohltuend ausbreitet, mich im Innersten beseelt, mich hoffnungsvoll nach mehr dieser zarten Blicke Ausschau halten lässt.

Weiblicher Genuss

Von tiefer, unmittelbarer Wollust getrieben, finde ich spielend deinen Schoss, ergründe deine Flächen, Erhebungen, Täler und Ritzen zungengleich. Entdecke den einen Punkt, der dich aufstöhnen, vibrieren und unkontrolliert zucken lässt. Intensiviere mein luststeigerndes Geschenk an dich, begleite dich verzückt in deinem vulkangleichen Genussfeuerwerk bis Explosionen in dir dein Stöhnen zum Schreien verwandeln und deine Scham lustvoll und geniesserisch in diese Empfindung eintaucht.

Verlierende Kontrolle

Du nimmst begierig meinen Lust-
stab in dich auf, feine gegenseitig
erlebte Reibungen, die Lust, Ge-
borgenheit und Freude auslösen.
Das in dir sein löst tief empfun-
dene Verbundenheit, ganz natürli-
che Vertrautheit mit dir aus. Der
verschmelzende Akt unserer rhyth-
mischen Bewegungen schenkt
uns noch mehr Nähe, gebärt den
Wunsch, uns noch tiefer kennen
lernen zu wollen und sich dem An-
dern uneingeschränkt zu überant-
worten.

Freundliche Vereinnahmung

Dein satter, lustbegieriger Blick auf meinen völlig entblössten Körper, lässt meine männlichen Attribute auf prickelnde, lustaktivierte Weise stetig anwachsen. Mein provokanter, eindeutiger Blick gegenüber deiner Entblösstheit, begleitet durch verbal-erotische Lockungen, lässt Wärme in dir aufsteigen und feuchte Stellen bilden. Hebe dich augenblicklich etwas an, überwinde schnell deine Feuchtstellen, dringe tiefer, dich Po-haltend, in dich ein und lass dich meine Erregung direkt, fest und unmittelbar spüren.

Liebesfrucht

Ertappe mich liebes, wie ich genüsslich und etwas verstohlen den Ansatz deiner Brust erhasche, bin hin und weg. Diese lieblichen, festen und doch zarten und wunderschönen Erhebungen, die ich berühren möchte, wann immer ich kann, die mich nicht nur dazu drängen, meinen Mund, meine Lippen und Zunge ihnen zu zuführen, sondern mich regelrecht dazu auffordern, eine Passion sozusagen. Deine Brüste liebes, die ich sehr verehre, sind mir nicht nur Augenweide, sondern Spielwiese für allerlei Berührungsarten.

Wellen der Lust

Betrachte neugierig deine völlig glatte Scham, haarlos, fein und hell mir entgegen scheinend. Erkunde sie ausgiebig, visuell und später mit verschiedenen Mitteln taktil. Du führst mich mit deinem eruptiven Zucken und Vibrieren letztlich zu den Stellen, die dir nicht nur ein Stöhnen, sondern stossweise schwere Atemseufzer entlocken. Du übergibst dich mir vertrauensvoll ganz und gar, lässt dich von den Wellen der Lust erfassen, dich in ungekannte Höhen entführen und gleitest anschliessend langsam brandungsgleich in tiefe zufriedene Entspannung.

Neugieriges Eintauchen

Küsse deine Stirn, liebkose deine Haare, streichle deinen Rücken. Drücke dich fest an mich, spüre deinen lieblichen Atem, den Schlag deines starken und doch zartbesaitetes Herzens, nimm beides in mich auf, tauche darin ein, erspüre, entdecke dich darin mit grosser Neugierde. Unsere Zungen finden und vereinigen sich zärtlich, wild und genussreich, während wir physisch zu verschmelzen scheinen, uns gegenseitig halt gebend und aufeinander achtsam schauend.

Befriedigung

Du näherst dich von hinten an mich an, umschliesst mich liebevoll und stark wollend. Umfasst mit beiden Händen meine Brust, sinkst tiefer, umschmeichelst meinen Bauch, näherst dich langsam und stetig meiner glatten Scham an, liebkost meine Männlichkeit in rhythmischem vor und zurück und lässt dich von meinem Stöhnen leiten. Während du mich verwöhnst, drückst du deine Scham stossweise und fest an mich, intensivierst dein Handeln bei meiner Männlichkeit bis sich diese schnell zuckend ergiesst.

Gedankliche Erregung

Ja, ich denke oft, ausgiebig und auf empfindungsreiche Weise an dich. Deine helle, zarte Haut mit feinsten Härchen, die sich bei meinen Berührungen stramm aufrichten. Deine Brüste, die sich mir willig entgegenstrecken, deine Lustwarzen, die in Erwartung meiner Zunge genussvoll anschwellen und kaum merklich vibrieren. Schliesslich deine Scham, deine Ritze, die im inneren Bereich bereits nass heiss meine Hände, Zunge und meinen magischen Stab in stiller, zuckender Erregung erwartet. Meine Hände, Zunge, mein magischer Stab sind zur

Stelle, verwöhnen dich, bist du trunken vor Lust aufschreist und dich von den dich durchdringenden Lustwellen forttragen lässt.

Weibliche Befriedigung

Wir liegen nackt nebeneinander und du beginnst dich an der deiner Scham zu reiben, dort, wo deine Lust am Grössten ist. Währenddessen liebkose ich deinen Bauch, deine Brüste und Flanken, küsse dich innig, während du dich unter leichten bis stark anschwellenden Zuckungen in tiefe Erregung gleitest. Du stöhnst auf und ich flüstere dir anspornende, luststeigernde Worte in dein Ohr, was dein Stöhnen verstärkt und deine Erregung ins unermessliche steigert. Du reitest auf dieser Welle bis du schliesslich orgiastisch zuckst,

vibrierst, stöhnst, um in tiefe Ent-
spannung und grösste Zufrieden-
heit zu versinken.

Männliche Befriedigung

Wir liegen nackt nebeneinander und ich beginne mein Glied zuerst langsam, dann schneller und intensiver mit meinen Händen zu bearbeiten. Du liebkost mich dabei, berührst meine Brüste, reibst mit deinen nassen Fingern meine Warzen, dringst mit deiner lustspendenden Zunge in meinen Mund ein und erkundest diesen genussvoll. Du flüsterst mir anspornende, luststeigernde und erotisierende Worte und Laute in mein Ohr, sodass ich meine Bewegungen, meine Intensität steigere und dabei spüre, wie sich die Vorläufer

des Orgasmus bilden, um schliess-
lich in eben diesen explosionsar-
tig, blitzend, in tiefster Erregung
und Zufriedenheit zu münden und
entspannungsgleich aus zu pen-
deln.

Verführerische Blicke

Deine erhabene Erscheinung fesselt nicht nur meine Augen, sondern bezirzt ganz und gar mein Bewusstsein mit all meinen körperlichen Empfindungen. Deine bleiche und doch vitale Haut schimmert mir verführerisch entgegen. Dein mich treffender Blick erzählt mir von gemeinsamen Stunden in Nacktheit und «Sünde». Mein dich zurück treffender Blick willigt spontan und innerlich erregt ein, betont dabei noch etwas den Aspekt der «Sünde», den du deinerseits innerlich erregt, lächelnd bejahst.

Geruchsentladungen

Dein Körperduft in Verbindung mit einem zitrusartigen, amberhaltigen, sanftwiegenden und essenzvollen Parfum droht mir die Sinne zu rauben. Erkunde nicht nur berührend deinen ebengleichen Laib, errieche ihn und entdecke an sehr unterschiedlichen Stellen, mir sehr wohlgefällige, einladende und tief ins Bewusstsein dringende Düfte. Diese gehaltvollen Verführungen, die du mir entsendest, drängen mich weiter, dir huldvoll Berührungen und innige Küsse zu schenken

Fesselnder Geruch

Rieche deine Haare, deinen Nacken und Hals und bin Serenen gleich von dir olfaktorisch gefesselt. Erkunde weiter deinen dir ganz eigenen Duft, erklimme Berge, Erhebungen und entdecke immer neue Varianten deiner Selbst, allesamt einladend, verführerisch, bin dir längst verfallen. Gehe weiter in Täler, Schluchten, bis zum Grund und tiefer, nehme dich ganz in mich auf, frisch erdig, yasminartig, zitrusgebunden, amberhaltig und von Moschusfragmenten durchdrungen. Lass mich weitere Düfte an dir entdecken....

Willenlos

Dein Parfum in Verbindung mit deinem Eigengeruch raubt mir jegliche Kontrolle, lässt mich willenlos werden, deinem Duft erliegen. Es dringt in tiefere Schichten meines Tierseins ein, erfasst und drängt mich augenblicklich dazu, dir deine Kleider vom Leibe herunter zu reissen, in dich einzudringen, mich mit dir stossverschmelzend zu vereinen, dich rhythmisch zu befriedigen, deinem ebenfalls stark ausgeprägten Verlangen zu entsprechen. In lustwandelnder hoch erregter, uns stets zugewandtem, einvernehmlichen Reigen gibt es

nur noch uns zwei, die uns be-
kannte Welt ist längst verges-
sen....

Lustvoller Austausch

Wir umarmen uns ganz fest, als gäbe es kein Morgen, meine Brust drückt sich ungehemmt an dein weibliches Gebirge, nehme diese warme Berührung in mich auf und atme sie dir entgegen. Drücke ganz unverhohlen meine anwachsende Lust an deine weibliche Frucht, spüre zuckendes und vibrierendes Bejahen deinerseits, stossgleiche Atemseufzer klingen mir entgegen. Tür und Tor sind weit offen, um uns sofortiges, gegenseitiges Verschmelzen wollen, zu erlauben und wir zögern keinen Augenblick...

Du auch ein wenig Mein

Erfahre mit und in dir tiefe Geborgenheit, erlebe vielschichtigen körperlichen, empfindungsbezogenen wie auch emotionalen und mentalen Austausch in und mit dir. Dein mich aufnehmendes Wesen befriedigt mich tief, schenkt mir Lust, Erregung und Vitalität du erotische, liebende und mir wohlgesonnene, starke Frau. Deine vornehm weiche in Genuss getränkte und doch auf festen Prinzipien gegründete Erscheinung, deine Rundungen, dein Geruch und deine mir liebe, helle Haut, drängt mich, dich zu halten, dich zu berühren, dich körperlich zu lieben, deinen Körper

zu küssen, uns in erregter, jugend-
licher Freude und Offenheit nicht
mehr los zu lassen.

Geschenk des Himmels

Schweissgebadet, tiefatmend, unendlich befriedigt, dankbar und zärtlich an den Andern denkend. Fluten, positiver, auf Lebendigkeit ausgerichteter Ströme durchdringen uns und lassen uns zufrieden in unseren Armen ausruhen. Welch schöne Erfahrung wir gerade erleben durften, welch tiefes und entblössendes Miteinander uns erneut zusammen gebracht hat, welche Freude in der Tiefe des Andern sein zu dürfen und uns dort begrüssen zu können. So viele Jahre auf dich gewartet, endlich gefunden, du lieber, unaussprechliches Ge

schenk des Himmels, darf dir end-
lich meine Liebe schenken und
deine von dir empfangen, danke....

Sphärische Liebe

Du sitzt auf meine stramme Männlichkeit, dringst ungestüm zärtlich auf mich herab. Blickst mir direkt, tief seufzend und lusterhellt in meine Augen. Schaue dir, während du erregt rhythmisch kreist, neugierig und offen entgegen, lade dich in mein Wesen ein, uns gemeinsam zu entdecken. Wir kreisen gemeinsam unsere Körper, von tiefem Begehren geleitet und durchwandern in feineren Sphären unsere Menschlichkeit. Sind gegenseitig sehr voneinander berührt, hegen überweltliche Zuneigung, empfangen feinste, elfenartige Signale, erfahren wiederum in anderen Sphären in orgiastischem Reigen unsere auf diese Welt be- zogene, einigende Verschmelzung.

Tiefe Verbundenheit.

Wir begannen uns lustvoll körperlich zu lieben, ritten jugendlich und frei auf diesen Genusswellen, erfreuten uns an unseren erotischen Empfindungen, schenkten uns diese gegenseitig und waren Stolz an den freudig erlebten Lustgipfeln des Andern. Wir erleben immer noch solch, schöne gemeinsame Erfahrungen, bereichern diese durch tiefe Zuneigung, Respekt, werden von Geborgenheit und dem Wunsch, sich dem Andern ganz und gar zu verschenken, sich ihm hinzugeben, beseelt.

Lust, Begierde, Genuss

Lust, Begierde und Genuss gehören ganz natürlich zum Mensch sein. Gib diesen Gefühlen in dir genügend Raum, du benötigst sie, um ein erfülltes Leben zu führen. Sie schenken dir Lebendigkeit, Kreativität und Freude, bereichern dich, deine Mitmenschen und Umwelt. Sie schützen dich vor übertriebenem Hass und Neid, vor unangemessener Missgunst, Angst und Wut, schenken dir Grosszügigkeit, Sanftmut und Geduld. Sei dir dieser Gefühle bewusst und unterdrücke sie nicht unnötig.

FSC
www.fsc.org
MIX
Papier | Fördert
gute Waldnutzung
FSC® C083411

Zeitfracht Medien GmbH
Ferdinand-Jühlke-Straße 7
99095 Erfurt, Deutschland
produktsicherheit@kolibri360.de